AF498181

LE
REMÈDE AU SURMENAGE

ET LA

TRANSFORMATION DES LYGÉES

DE PARIS

Conférence faite le Mardi 29 Mai 1888

AU CONGRÈS ANNUEL

DE LA

SOCIÉTÉ D'ÉCONOMIE SOCIALE

PAR

Pierre DE COUBERTIN

PARIS

IMPRIMERIE ET LIBRAIRIE CENTRALES DES CHEMINS DE FER

IMPRIMERIE CHAIX

SOCIÉTÉ ANONYME AU CAPITAL DE SIX MILLIONS

Rue Bergère, 20

1888

Une spirituelle maîtresse de maison, experte dans l'art d'éviter les calmes plats de la conversation, disait, il y a peu de jours, devant moi : « Avec la tour Eiffel et le surmenage, j'ai toujours le moyen de faire parler mes invités. » — Je ne suis point venu vous entretenir des mérites de la tour Eiffel et me bornerai à faire observer que, tandis que cette construction est si commentée, si discutée, si attaquée, elle grandit toujours, donnant jusqu'ici une victorieuse réponse à certains de ses contradicteurs ; le surmenage marche aussi vers sa solution ; sur ce sujet, chacun a dit son mot, chacun a proposé son remède, et de cet ensemble d'idées nouvelles ou renouvelées s'en est détachée une qui rencontre encore bon nombre d'adversaires, mais autour de laquelle on sent pourtant que doivent venir se grouper tous ceux qui cherchent la clef du problème : cette idée mère, c'est l'amélioration de l'éducation physique.

Les premiers qui ont crié : *Au surmenage !* comme on crie : *Au feu !* n'ont pas manqué de s'attaquer aux programmes ; et ils l'ont fait avec une grande violence ; ils ont étalé devant les parents subitement épouvantés la liste, épouvantable en effet pour qui la prend au pied de la lettre, de tout ce que les enfants ont à apprendre : ils ont établi par A + B que cette somme de connaissances dépassant de beaucoup celle que l'on est susceptible d'acquérir entre 8 et 17 ans, les enfants ainsi instruits ne savaient rien, absolument rien, en vertu du proverbe : « Qui trop embrasse mal étreint. » Bref, si on les avait écoutés, rien ne serait resté debout des programmes actuels ; quelque chose d'entièrement nouveau, basé sur d'autres principes et d'autres méthodes, tendant à un but encore mal défini, les aurait remplacés. Je ne sais combien de désillusions amènerait l'exécution d'un plan aussi imprudemment conçu ; mais la première de toutes, ce serait certainement de constater que cette grande révolution n'a pas atteint son but et qu'après comme avant, le surmenage subsiste ou du moins ces symptômes d'affaiblissement physique, d'engourdissement intellectuel, d'affaissement moral dont le surmenage paraît être la cause. Ce qui me surprend, pour ma part, ce n'est pas que les programmes soient surchargés, mais plutôt que quelqu'un puisse s'en étonner. Les progrès incomparables de la science moderne n'ont cessé d'agrandir cette base de connaissances précédemment acquises sur laquelle chaque génération doit élever le monument qui marquera son passage; et puis ces mêmes progrès scientifiques ont rapproché toutes les distances, confondu tous les rangs, détruit l'ancienne organisation sociale et créé une concurrence redoutable à l'entrée de toutes les carrières. Et l'on veut que les programmes ne soient pas chargés à cette heure psychologique où la spécialisation des études n'est pas encore réalisée et où tous les jeunes voyageurs entrent dans la vie active avec le même bagage.

Il y a là une injustice de même qu'il y a injustice à méconnaître systématiquement ce qui a été fait avec un peu de timidité peut-être pour remédier à cette fâcheuse uniformité des examens : injustice à ne pas voir les efforts sincères et les constantes recherches des chefs de l'armée universitaire. Plaise à Dieu qu'ils n'écoutent pas leurs contradicteurs et qu'ils ne fassent jamais usage du procédé révolutionnaire, détruisant en haine de ce qui existe sans remplacer au fur et à mesure les matériaux hors d'usage ; c'est par des tâtonnements qu'il faut procéder, et pour ma part je n'aurais pas meilleure opinion d'un projet de refonte totale des programmes d'enseignement que de ces élucubrations constitutionnelles que leurs auteurs nous présentent comme devant assurer à tout jamais le bonheur et la tranquillité du pays. Dans l'un et l'autre cas c'est le raisonnement pur et souvent l'imagination qui font tous les frais; cette observation impartiale des choses que

Le Play nous a appris à regarder comme la base nécessaire de tous progrès, il n'en est tenu aucun compte.

Quand on en a fini avec les programmes c'est à l'hygiène que l'on s'attaque ; certains citoyens, de ceux qui ne vont pas par quatre chemins et dont les projets de loi sont remarquables en ce qu'il n'ont jamais plus d'un ou de deux articles, en présenteraient volontiers un par lequel : article premier : il serait interdit d'ouvrir une école dans une ville et article 2, toutes les écoles actuellement existantes seraient transférées à la campagne. Un point, c'est tout.— Et pas d'objection, s'il vous plaît.... à la campagne et plus vite que cela.

En Amérique on promène les maisons sur des roulettes quand le site où on les avait bâties a cessé de plaire. Mais nos lycées, si on s'avisait de les emmener de la sorte, se sépareraient en beaucoup de morceaux; ces vieilles constructions ne peuvent supporter un traitement aussi moderne. Je pourrais — plaisanterie à part — vous parler des difficultés nombreuses qui s'opposent à l'établissement des lycées à la campagne au moins actuellement, mais outre que beaucoup de ces difficultés sautent aux yeux, il est un point plus important et qui touche plus directement à mon sujet, c'est que cela ne résoudrait en rien le problème du surmenage. Le lycée à la campagne n'est pas un mythe : il existe : ce matin même plusieurs d'entre vous ont admiré les magnifiques constructions et les beaux jardins du lycée Lakanal. On a pris là un luxe de précautions hygiéniques tout à fait raffiné; loin de moi la pensée de médire de l'hygiène. M. le docteur Rochard il y a deux jours, ici même rappelait éloquemment les résultats merveilleux que l'on peut obtenir par l'observance de ses lois : mais franchement quand je vois une discussion s'ouvrir sur la question de l'éclairage unilatéral ou bilatéral dans les classes et les études, je me prends à regretter que nos enfants en soient si bas qu'il faille songer pour eux à de pareils détails..

L'externat est un troisième dada, une troisième panacée, seul remède au surmenage, disent ses partisans : pour moi, l'externat est le meilleur type d'éducation à beaucoup de points de vue, et il est nécessaire qu'on lui donne une grande extension ; mais précisément en ce qui concerne le surmenage, il ne saurait passer pour un remède ; il ne facilite même pas les moyens d'appliquer le remède, au contraire. Les parents ne sont pas toujours libres de se mettre au service de leurs enfants les jours de congé ; et alors, que font-ils de mieux qu'au lycée : on les emmène dans les magasins ou faire des visites ; et s'ils sont plus grands, ils réussissent trop souvent à s'échapper pour courir Dieu sait où.

Messieurs, j'ai dit tout à l'heure que le régime actuel engendrait l'affaiblissement physique, souvent aussi l'engourdissement intellectuel, toujours l'affaissement moral.

Vous devinez donc ce que je pense du projet qui consiste à militariser l'éducation et à fournir par les exercices militaires un contrepoids à la fatigue des études. — Vous ferez peut-être ainsi des muscles plus solides, mais vous êtes assurés également de faire des esprits encore moins ouverts et des caractères de plus en plus incolores; nous avons assez de moutons comme cela dans notre pauvre pays; qu'on ne nous en donne pas davantage; on le ferait sûrement en confondant deux disciplines qui ne se ressemblent guère, la discipline militaire et la discipline scolaire, en rapprochant deux êtres qui ne se ressemblent pas du tout, le soldat et l'enfant.

Donc ne bousculez pas les programmes; vous les modifierez sagement et peu à peu, cela sera bien préférable. Ne transportez pas à prix d'argent les lycées à la campagne, parce que cela ne résoudrait pas le problème; n'introduisez pas le militarisme dans l'éducation parce que cela le rendrait encore plus complexe. — N'employez aucun de ces grands remèdes moins efficaces que les petits; je vous demande d'être convaincus d'une seule chose: c'est qu'il faut que vos enfants jouent et qu'ils ne jouent pas, parce qu'ils ne savent pas jouer. Apprendre à jouer ! Ce mot vous semble peut-être paradoxal; c'est que nous ne nous entendons pas sur le sens du mot *jeu*. — Un chef d'institution me faisait les honneurs d'une cour aérée et plantée d'une dizaine d'arbres; là environ 30 enfants se livraient à de petits mouvements lilliputiens et à mille gamineries; quatre ou cinq étaient aux arrêts dans les coins : plusieurs se promenaient gravement; d'autres, accroupis à terre, jouaient aux billes; quelques autres encore s'amusaient tout simplement à se tirer la langue et à se faire des grimaces... et leur brave homme de maître, se frottant les mains, me disait : Vous voyez comme ils prennent leurs ébats !... En effet, quand on lâche les enfants en leur disant de jouer, voilà les jeux auxquels ils se livrent; ils n'ont rien de commun avec ceux que nous voulons introduire dans l'éducation et qui demandent autrement d'efforts. La première fois qu'on touche un aviron, il s'enfonce dans l'eau de plusieurs coudées puis remonte subitement dans l'air en aspergeant tout le monde... l'escrimeur novice s'étonne de voir son fleuret dévier sans cesse, malgré lui, — au lawn-tennis, les commençants reçoivent les balles plus souvent sur la tête que sur la raquette, exactement comme à la première leçon d'équitation, il suffit au cheval d'un petit mouvement à peine esquissé pour se débarrasser de son cavalier. — Croyez-vous encore, quelque facile que cela en ait l'air, que vous réussiriez du premier coup à bien lancer avec le pied un gros ballon .. Essayez un peu.

Pour tout cela, il faut un enseignement et un entraînement. Beaucoup comprennent cela : jusqu'à ce jour peu avaient osé le dire et personne n'avait osé le faire.

*

II

Cet honneur était réservé à un homme que j'ai eu l'imprudence d'inviter ici ce soir, ce qui me gêne pour vous dire de lui tout le bien que j'en pense : au moins aurai-je soin de ne pas vous dire son nom. ... c'est M. Godart, directeur de l'École Monge.

L'École Monge a été fondée en 1869, par un groupe d'anciens élèves de l'École polytechnique : elle occupe aujourd'hui un large emplacement compris entre le boulevard Malesherbes et l'avenue de Villiers : elle appartient donc à ces nouveaux quartiers aérés et somptueux dont les avenues droites et les pierres blanches contrastent si complètement avec les rues tortueuses et les murailles noircies du quartier latin : la différence est encore plus sensible entre les lycées qui s'élèvent sur la rive gauche et l'établissement dont je vous parle.

Au centre s'étend une cour couverte qui mesure 80 mètres de long sur 30 de large; imaginez le hall de quelque richissime compagnie financière débarrassé de ses comptoirs et de ses commis; le sol est en asphalte, la toiture vitrée. A la hauteur du premier étage, court une galerie sur laquelle ouvre une litanie de portes et de fenêtres; aux deux extrémités, des portiques de gymnastique surchargés d'agrès. Quand on est là, on comprend que cette École ne ressemble pas aux autres, qu'elle est un champ d'expériences scolaires, qu'on y a horreur de la routine et que les nouveautés y séduisent. Dans le passé, les innovations ont porté sur l'enseignement; avec sa sœur cadette, l'École alsacienne, l'École Monge a ouvert une voie où l'Université n'a pas tardé à s'engager; l'avenir s'annonce plus brillant encore; c'est sur le terrain de l'éducation que l'on va désormais travailler.

Le rapport présenté à la dernière Assemblée générale des actionnaires par M. Godart laissait soupçonner de grandes réformes; la question du surmenage y était traitée de main de maître : on n'y trouvait pas ces récriminations inutiles contre lesquelles je m'élevais tout à l'heure, mais un aperçu très net de la situation et des remèdes possibles; malgré cela, je n'aurais jamais cru que l'exécution pût être si prompte; ce qu'il a fallu d'intelligence et de volonté pour mener à bien cette œuvre-là, on peut se l'imaginer quand on songe que l'École renferme 850 élèves et qu'il s'agissait de leur faire faire un pas dans l'inconnu et non seulement à eux, mais à leurs parents, qu'il fallait prévoir les objections et les résoudre d'avance, contenir l'enthousiasme des uns et en même temps réchauffer l'ardeur des autres... et surtout ne pas faire une faute, ne pas occasionner un désordre, ne pas causer le moindre ralentissement dans les études. — Je voudrais pouvoir vous redire en détail les péripéties de cette transformation ; mais je dois me hâter de vous expliquer en quoi elle consiste pour en arriver ensuite à ce qui fait le fond de ma conférence, à savoir le moyen de procurer aux lycées les bienfaits d'un régime analogue.

Le dimanche est à l'École Monge un jour de congé et le jeudi un jour de promenade ; comme on tenait à ne pas supprimer la promenade, c'est sur les autres jours de la semaine qu'ont été réparties les récréations nouvelles ; le mardi et le vendredi pour les plus grands ; les lundi, mercredi et samedi pour les plus petits ; ceux qui se préparent aux Écoles du gouvernement, restent momentanément soumis à un régime différent, car il s'agit avant tout de ne pas compromettre leurs prochains examens. Si donc vous passez, vers deux heures, un des jours ci-dessus mentionnés aux environs de l'École Monge, vous ne pouvez manquer de rencontrer un immense char à bancs attelé de quatre chevaux et suivi de beaucoup d'omnibus remplis d'enfants ; tout cela se dirige vers le bois de Boulogne ; le char à bancs déverse devant les manèges du Jardin d'acclimatation, tous les jeunes cavaliers ; les omnibus gagnent les uns le Pré Catelan, les autres le lac ; au Pré Catelan, un professeur de vélocipèdes se tient à la disposition de ceux qui veulent cultiver son art ; ailleurs, il y a des parties de toutes espèces : sur le lac on canote dans les lourds bateaux forme douairière, que les gardiens louent au public : mais bientôt les jolies yoles à bancs mobiles que l'École a commandées viendront les remplacer. — Enfin sur une des grandes pelouses du bois on joue au cricket, s'il vous plaît. — Vous me direz que tout cela doit coûter cher aux familles; c'est exorbitant, frais de transport, entrée au Jardin d'Acclimatation et location au Pré Catelan : 10 centimes par jour et par élève; soit 3 francs par mois. — Les leçons d'équitation sont de 1 franc et les promenades à cheval dans le bois, sous la surveillance d'un écuyer, de 2 francs l'heure. — J'ajoute qu'aucune pression n'est exercée sur les parents et qu'on assure à l'intérieur de l'École le travail des élèves qui ne doivent pas prendre part aux promenades; mais ceux-là sont, je dois le dire, bien peu nombreux, et ils le seront de moins en moins.

III

Vous apercevrez aisément, messieurs, quels sont les motifs qui empêchent les autres Écoles de suivre purement et simplement l'exemple donné par l'École Monge. Pour les lycées en particulier, on n'y peut songer, ils sont loin du bois de Boulogne, à l'exception d'un seul, le lycée Janson de Sailly; ils renferment un très grand nombre d'élèves : il faut trouver pour eux un régime général, applicable à tous; enfin ils ne jouissent pas des ressources financières indispensables en pareil cas :

ils n'ont pas chacun leur administration spéciale et ne profitent pas de leurs bénéfices, s'ils en font — mais en revanche, les lycéens font, le jeudi, une promenade pour laquelle je n'ai aucune sympathie, à Monge, les promenades du jeudi se font à la campagne; grâce aux omnibus qui y transportent les élèves; on a tenu à les conserver, c'est tout simple : presque partout ailleurs, c'est à travers Paris qu'elles se déroulent; je les verrais disparaître avec une immense satisfaction pour des raisons qu'il serait trop long d'exposer ici. Il y aurait de plus une réforme facile à faire : elle consisterait au lieu de donner congé les jeudis, de midi jusqu'au soir, à donner cinq heures deux fois par semaine; il ne faut pas croire en effet que l'on ne puisse pas, même avec les programmes actuels, réduire la durée des heures de travail; le contraire a été prouvé et archiprouvé, et je dois dire que si ces heures n'ont pas été réduites, c'est au fond, parce qu'on ne savait quoi mettre à la place.

Vous me demandez ce que j'y mettrais moi-même, je vais vous le dire.

Sur un plan de Paris, si vous vous représentez exactement la position des principaux établissements d'enseignement secondaire, (ce sont les seuls dont je m'occupe) vous voyez qu'ils forment à peu près trois groupes; l'un a un débouché naturel vers le Bois de Boulogne soit directement; c'est le cas du Lycée Janson de Sailly et de l'école Gerson situés à Passy, rue de la Pompe, et aussi de l'école Monge ; soit par la gare de Saint-Lazare, c'est celui du Lycée Condorcet et de ses dépendances, du collège Chaptal, de l'externat de la rue de Madrid.

Les deux autres groupes sont sur la rive gauche, là vous avez un lycée en construction, boulevard de Vaugirard; et le collège des Jésuites, aux portes de Paris, le lycée de Vanves ; sur le chemin de fer de Sceaux, Lakanal, Arcueil et Sainte-Barbe-des-Champs ; auprès de l'embarcadère de cette ligne qui, il est vrai, n'a qu'une vague ressemblance avec un chemin de fer, l'École alsacienne; enfin le groupe des lycées Saint-Louis, Henri IV, Louis le Grand et Sainte-Barbe de Paris, où l'on est à peu près à égale distance des chemins de fer d'Orléans, de Sceaux et Montparnasse; le lycée Charlemagne isolé au haut de la rue Rivoli n'est pas très éloigné de la gare d'Orléans.

Dans ces trois directions, il faut que nos collégiens trouvent ce qui leur manque à Paris, des champs de jeu et des jeux organisés : il s'agit donc de créer des parcs scolaires se composant de vastes prairies divisées et entretenues selon les besoins de ces jeux, possédant en plus un abri, un préau couvert et des vestiaires; alternativement les élèves des différentes écoles y viendraient passer l'après-midi et là, en pleine campagne, on pourrait leur fournir les plaisirs les plus variés ; promenades, courses à pied, chasses aux petits papiers, cricket, tennis... etc.

Messieurs, vous le voyez, il s'agit là d'un projet restreint, précis, limité mais néanmoins difficile à réaliser ; j'en désespérerais si un appui chaleureux et unanime ne me donnait pas confiance dans sa prochaine exécution. Un comité va prendre en main cette œuvre car c'en est une, j'ose le dire ; il est présidé par un homme éminent entre tous dont la parole éloquente a retenti parmi nous l'an passé, M. Jules Simon ; à côté de lui MM. Gréard et Morel, directeur de l'enseignement secondaire, représentent l'Université ; M. Picot, l'Institut, le général Thomassin, l'armée : M. Patinot, la Presse ; M. le Dr Rochard, M. le Dr Brouardel et M. le Dr Labbé l'Académie de médecine, qui a mené la campagne contre le surmenage ; puis les directeurs des écoles Monge, Alsacienne et Gerson et le supérieur de Juilly, où les exercices du corps sont fort en honneur, enfin les Présidents de la Société d'Encouragement de l'escrime, du Sport nautique, de l'Union des Sociétés d'aviron et du Racing Club de France.

Tels sont les noms pour la plupart déjà connus et estimés sous les auspices desquels nous allons faire appel aux souscripteurs ; mais la création des parcs n'est pas le but unique ; pour rendre les jeux populaires il faut de puissants encouragements, des concours et des prix ;

il y a là toute une organisation à établir ; au début nous rencontrerons beaucoup de mauvais vouloir parmi les élèves eux-mêmes si ce n'est qu'après des efforts persévérants que nous pourrons triompher de leur apathie ; mais nous en triompherons, je n'en doute pas.

Vous êtes venus, messieurs, entendre parler de la transformation des lycées de Paris : vous attendiez sans doute des considérations plus élevées, des vues d'ensemble et vous pensez peut-être que le « plan » que je vous expose est un peu mince pour s'appeler une tranformation. Quelque importance que j'attache au sport en lui-même et pour lui-même, j'avoue qu'ici je le considère surtout comme un moyen, et d'accord avec tous les maîtres anglais et avec plus d'un maître français aussi, j'attends de lui trois choses : la première, c'est qu'il rétablisse, dans nos jeunes générations, l'équilibre rompu depuis longtemps entre le corps et l'esprit, c'est qu'il leur donne non pas tant une force passagère qu'une santé durable et ce prolongement de jeunesse qui permet à l'homme de laisser derrière lui une œuvre solide et achevée. La seconde, c'est qu'il écarte, à l'âge critique, des tentations contre lesquelles *rien*, dans notre régime actuel, n'opère efficacement ; c'est qu'il fournisse un terrain d'enthousiasme, c'est qu'il procure une saine fatigue, c'est qu'il apaise les sens et l'imagination.

Mais, messieurs, j'en attends une troisième chose.

Toute l'attention de nos maîtres, depuis cent ans, a été tournée vers les questions d'enseignement que l'on a confondu et parfois affecté de confondre avec l'éducation. Celle-ci est encore aujourd'hui ce que l'Empire, greffé sur l'ancien régime, l'a faite ; l'enfant est un numéro ; on écarte de lui tout ce qui pourrait exercer son initiative, on refuse pour lui toute responsabilité ; faire des enfants de vingt et un ans, voilà quel semble être le but. Le sport, tout doucement et sans secousses, détruira cela ; il suppose, en effet, le groupement volontaire, et produit l'esprit de conduite, le bon sens, le caractère ; il hiérarchise et met en avant des personnalités qui deviennent les auxiliaires des maîtres ; il rend les enfants plus semblables à des hommes.

Il est permis d'espérer que lorsque le sport aura amené la transformation dans ce sens du régime à la fois de caserne et de couvent qui est encore en vigueur, il est permis d'espérer, dis-je, qu'il y aura dans les masses du pays autre chose que des socialistes et des boulangistes.

Je ne vois pas, messieurs, s'il y a des œillets rouges parmi vous, mais je m'en inquiète fort peu ; nous sommes ici réunis sous les auspices d'un homme (1) pour lequel la science de la grandeur et de la décadence des

---

(1) Le Play.

peuples n'avait plus de secrets et qui flétrissait ces gouvernements de hasard, issus de l'affolement d'un jour de désordre ; j'ai donc le droit de dire et de répéter que nous attendons de l'éducation transformée des citoyens qui n'auront plus besoin de recourir à de pareils procédés, des citoyens actifs et déterminés qui porteront aussi au dehors la gloire du nom Français — des citoyens qui prendront pour devise celle du ministre, dont je vous parlais tout à l'heure, qui aimeront Dieu, la patrie et la liberté.

IMPRIMERIE CHAIX, RUE BERGÈRE, 20, PARIS. — 12844-6-8.